기린으로 떠난 사람

39

기린으로 떠난 사람

김재홍

현대시학 기획시인선

※ 시인의 말

홀로
내 마음에
간절한
기도

차례

✱ 시인의 말

1부

툰드라의 아침	12
오후의 불일치	14
가을은 언제나 뜨겁다	16
아버지가 되어	18
대릉원	20
가재울	22
몸을 따라	24
'막내'라고 부르는 여전사	26
내 동기 조영창	28
보이지 않는 시간	30
유예된 것들	32
날마다 기적을	34
파주행 막차	36

2부

이곳에서, 우리는	38
한티성지에서	40
내 마음의 십자가	42
스테파노를 생각하며	44
밥 한 톨	46
바람막이가 되어	48
종묘를 지나며	50
예장공원	51
기린*에 대하여	52
백담계곡	54
힐링 여행	56
열 권의 책방	58
다시 청량리역에서	60
작은 일에 슬픔이 없는 하느님께	62

3부

수만의 바람 -명동밥집 1	64
매미 -명동밥집 2	66
식판조 -명동밥집 3	68
퇴식구 -명동밥집 4	70
칼갈이 -명동밥집 5	72
시니컬 설거지 -명동밥집 6	74
용기면, 용기 -명동밥집 7	76
주방 공사 -명동밥집 8	78
기우뚱거리는 하루 -명동밥집 9	80
비둘기가 사라졌다 -명동밥집 10	82
밥집의 성탄절 -명동밥집 11	84
한통속 -명동밥집 12	86
스물두 번째 편지 -명동밥집 13	88
두 그릇 -명동밥집 14	90

4부

다시, 파리로 94

말없이, 둥글게 96

몽파르나스 공동묘지 98

아비뇽에서 100

마르세유 대성당 102

퐁텐블로, 그리고 파리로 104

오베르 쉬르 우아즈 106

시의 날 108

다시, 공항으로 109

* 해설
신과 밥―인간다움의 조건 | 조대한 (문학평론가)

1부

툰드라의 아침

그날 아침

네네츠 족의 순록 썰매가 설원을 질주할 때

영하 60도의 툰드라가 햇살을 받을 때

싸늘한 하늘이 귀때기에 내려

너는 무엇으로 사느냐

너는 무엇을 먹느냐

차갑게 질문할 때

가도 가도 끝없는 눈밭 위를

가도 가도 알 수 없는 햇빛 속을

저 끝에는 수백만 순록이 있음을 믿고

저 끝에는 눈부신 금빛 태양이 있음을 믿고

언 땅을 파먹는 순록과

그것을 바라보는 니콜라이 빌카의 시뻘건 얼굴이

아무렇지 않게 콧김을 나눌 때

칼을 들어 순록의 심장을 꺼내
뜨거운 핏기 느끼며
언 하늘을 우러를 때

시커먼 움막 어슬렁거리며
순록 무리의 뿔들이 모두
맨땅을 파헤칠 때

그때

오후의 불일치

눈을 희번덕거리며
컥컥 소리치며 필사적으로 몸을 비트는
버팔로의 불알을 물어뜯는
암사자의 무심한 뒷발을

혓바닥을 내뺀 채 헐떡거리며
막 숨이 끊어지는 순간을 응시하는
카메라와 카메라를
바라보는 두 눈을

오후의 태양은 늘어지고
늘어져서 아주 길고 긴 그늘을 드리울 때

먼지 사이로 더욱 메마른 입자들이
규칙성을 벗어난 자유의 춤을 출 때

사자의 허기와 버팔로의 죽음이
필사적인 근육 운동 속에서 일치될 때

모든 일치는 불일치라는
모든 운명은 엇갈린다는

먹는 자와
먹히는 자 사이에
싸늘한 빗금이 그어지는 순간

아, 이 가을은 너무 메마르다는

가을은 언제나 뜨겁다

한겨울에 가을*로 가서 춤을 춘다
컴컴한 초저녁부터 줄을 서서
"그저 바라만 보고 있지~
 눈치만 보고 있지~"

우글우글 바글바글
머리통이 떠다닌다
빈틈없이 홀에서
어깨를 부딪히며
술잔 들어 찬찬찬

노래를 따라 백발의 신사가 힘차게
빵모자를 쓴 초로의 숙녀가 신나게

다리를 벌리고 엉덩이를 돌리고
머리 흔들며 몸 비틀며

경중경중 팔 뻗어 하늘을 찌르고

여기저기 백발 모두가 백발
"테일 미 홈 컨추리 로드
 투 더 플레이스
 아이 빌로~옹"

시시덕거리며 낄낄거리며
남자는 여자를
여자는 남자를
가을에 와서
끼리끼리 흔들흔들
한 맺힌 듯 춤을 춘다

* 서울 세종문화회관 옆 라이브 카페

아버지가 되어

왜관에 누워
아버지를 생각한다

중일전쟁이 터진 1937년
아이치현에서 태어나 평생을
떠돌이로 살다 떠난 사람

민족의 독립이 아니라
국가의 번영이 아니라
미장공이며 이발사며 대서사까지
흔들리다 떠다니다 울부짖다
구석진 여관방에서 떠난 사람

그의 한 생애가
벽을 타고 지나간다

그렇게 살지 말아야지

꼭 반대로 살아야지

빗발 긋는 필름

치직거리는 잡음 속에서 그는

부끄럽다고 미안하다고

목련꽃 하얗게 고개 끄덕일 때

아버지가 되어 아버지를 미워하고

아버지가 되어 아버지를 용서하고

왜관에 누워

부끄럽다 미안하다

되뇌인다

대릉원

오월이라 어버이날
봄은 먼지를 일으키며 메말라가고

죽은 조상을 등에 업고 경주는
울퉁불퉁한 봉분이 되어 있었다

황남빵 가게 앞에서
큰 무덤은 큰 욕망이거나
더욱 큰 모욕이라는 생각을 하며
차를 세워 줄을 섰다

오월이면 가방을 들고
사역하듯 수금하듯
어머니 찾아가는 길

경주 지나 울산으로

불국사 괘릉 외동 지나
모화 이화 천곡 호계로

죽음을 머리에 이고
대릉원은 엎드려
기도하듯 노래하듯
빵 냄새를 풍겼다

가재울

개구리가 운다

물결을 뜨듯

둥그런 소리를 지른다

소리를 따라

물결은 동그라미를 그리며

퍼져나간다

소리를 따라

풀이 자라고 나무가 자라고

꽃이 핀다

까르르 까르르

둥글게 퍼진다

내가 지금 걸어가는 길은

낮고 낮아서

개구리는 쉬지 않고
소리를 뜬다

내일은 어버이날
나는 머리 숙여
가재울의 냄새를 맡는다

몸을 따라
—건이에게

25년 전 겨울이었다
품에는 어린 몸 하나 있었다

그 몸은 약했으나
작은 동작과 더 작은 숨결로도
바람을 견디게 했다

한 사람의 몸이
한 사람의 몸에서 나와
온기를 주고받는다

몸을 따라
몸을 느끼면서
한 생명이 한 생명에게
감사한 순간이 되자

이 아이도 때가 되면

같은 것을 느끼리라는 것을

나는 알았다

'막내'라고 부르는 여전사

막내가 취해 흥거워할 때
쓸쓸함이나 슬픔 같은 게 뒤섞일 때
다시는 그 집에 주문 넣지 않겠다며
이웃 횟집에 분노할 때

흐리다던가
가랑비 온다던가
눈이 내린다던가
갑자기 숨 막히는 옛노래가 들릴 때

차라리 아무 일도 없는 날이
더 불편하다는 막내가
'당신만을 사랑해'라고 말해 주는
옛시인을 만나는 날이 온다면

쉰 넘어

그래야만 할까 꼭 그래야만

하고 묻는다면

그런 날은 바람 불고

빗발 스쳐도

물결치듯 파도치듯

나는 나를 살다 가고

너도 너를 살다 가는 거라고

말해 주는 날이 온다면

그렇다면

내 동기 조영창

영창이는 피아노맨

밤마다 소초에서 파도를 타고

졸음을 타고

해안을 지키던 단기사병

놈은 잠을 설치며

꿈을 꾸거나 꿈을 버리거나

놈의 시간은

비틀거리거나 삐딱하거나 흔들리거나

포터를 몰고

피아노를 배달하던 방위병

똥방우라 말하던

나라를 지켜도

밤에만 지킬 수 있다며

배달은 꼭 해야 한다던

놈의 차를 몰고 무면허로
새벽 4시부터 10분쯤
신나게 내달리던 쾌감을
초고속의 쾌감을

내 동기 영창이는
밤에도 낮에도
졸고 졸던
피아노맨

보이지 않는 시간

보이는 것과
보이지 않는 것의 경계를 허무는
알 수 없는 차가운
안개 속으로

이 가을
하늘이 쏟아진 듯
분자 운동의 싸늘한 필연성이
스치듯 스미듯 물밀듯

마을을 가리고
도로를 가리고
창문을 가리고

이미 떠난 사람들과
이제 떠날 사람들의 경계를 지우는

심연 속으로

침묵 속으로

나는 손을 닦고

얼굴을 씻고

보이지 않는 하늘

보이지 않는 시간

속으로

유예된 것들

날 때부터
정해진 죽음과
죽음에 이르는 동안 겪을 아픔과
아픔의 원인이 될 상처와 질병이

또한 이미 정해져 있으며
반복된다는 것을

이제 나는
더는 미룰 수 없는 심판을

유예된 죽음과
유예된 형벌과
유예된 슬픔이 모두
내게 있음을

나는 누구의 자식이며

나는 누구의 아비이며

슬픔이 슬픔을 만나 슬픔을 낳고

당신은 무너지는 영혼의 입김 속에 있으니

괜찮다 이젠 괜찮다

사랑하는 이여

유예하지 말라

유예하지 말라

날마다 기적을

끝이 보인다

15일 지나면

디폴트 혹은 파산

날마다 기적을

기적이 일어나기를 바라는

끝이 아니라

진짜 기적을 생각하는 나날들

죽은 사람이 살아난다거나

탄생 이전으로 돌아간다거나

시간을 거슬러

반생물학적 기적을

아니면

죽음을 해방으로 느끼는

고독이 아니라 자유로 느끼는

반사회학적 기적을

왜 나는 나를 위하여

내가 이룰 수 없는 나의 꿈을 위하여

나를 위로할 줄 모르는가

끝이 보인다

정확히 15일 지나면

디폴트 혹은 파산

파주행 막차

 기자가 된 아들과 막차를 탄다 그는 오늘 스무 개의 기사를 쓴 신입. 버스는 한 시간을 달려 집으로 간다 아들은 맨 뒷자리로 가 핸드폰을 잡고 나도 그 옆에서 가방을 다잡는다 한 남자는 어기적거리며 캐리어를 끌고 한 여자는 뒤에서 얼굴을 찡그린다 한 중년은 술에 취해 코를 골고 한 청년은 모자를 쓴 채 잠을 잔다 서울살이는 야근처럼 아득하고 자리를 채운 승객들이 저마다 내일의 운세를 점치며 잠들 때 내일 타는 버스가 더는 막차가 아니기를 바라는 마음으로 캄캄한 창밖을 본다 보이지 않는 시간에 희망을 걸고 보이지 않는 미래를 위해 기도하는 이 사람들이 나의 친구이며 이 사람들이 나의 동지라 생각하며 잠든 신입기자의 옆을 본다

2부

이곳에서, 우리는

비가 와서

억수 같은 비가 와서

빗물에 끊어진 도로와

끊어진 다리와 끊어진 터널

사이로 침수된 자동차들

부딪히고 부서지고 뒤집힌 차들

사이로 소리치는 사람들

젖은 사람들 갇힌 사람들

외치는 아우성치는

들리지 않는 빗속의

싸움을

우리는 모두

종점으로 가는 승객이라고

이곳에서 우리는 영원한 이방인

영원한 나그네*

한 방울 빗물이거나

물방울이거나 거품이거나

푹푹 찌는 열기거나 습기거나

고래고래 소리치며 외치며

정점을 향해 끓어오르는

막차는 아직

오지 않았다고

그렇다고

* "이 세상에서 이방인이며 나그네일 따름이라고 고백하였습니다."
(히브리서 11:13)

한티성지*에서

쩡 쩌렁 쩡 쩡
쩌렁 쩡 쩡 쩌러렁

허공을 가른 도끼날이
살을 파고들 때마다
나무는 비명을 질렀지

한 번 몰아친 바람이
쉿소리를 내며 나무를 쓰러뜨릴 때
산판은 소리치며 웃으며 흥겨웠지

누가 누구에게 물을 것도
누가 누구에게 말할 것도 없었지

소리는 숲에서 숲으로
골에서 골로 퍼져

산마을 뒤흔든 비명은

폭염 속에서도 그치지 않았지

나는 누구의 자식이며

나는 누구의 아비인가

나무가 쓰러질 때마다

하루가 무너지고

나무가 울부짖을 때마다

산은 고개를 숙였지

쩡 쩌렁 쩡 쩡

쩌렁 쩡 쩡 쩌러렁

* 천주교 대구대교구 순교 성지

내 마음의 십자가*

천만 근 쇳덩이로
짓누르는 강철의 무게로

말할 수 없는
숨 쉴 수 없는

내가 사랑하는 사람들과
나를 아끼는 사람들이
저마다 작은 손을 모아
하늘을 우러를 때

종루 위로
첨탑 위로

빈틈없는 시간의 철벽 속으로
철벽이 가로막는 시간 속으로

치솟는

솟구치는

반성 속으로

열망 속으로

나는 내 목숨에게

목숨은 내게

길을 열어 달라고

가슴 속으로

하늘 속으로

외치는

* "누구든지 내 뒤를 따라오려면 날마다 제 십자가를 지고 나를 따라야 한다." (루카 9:23)

스테파노를 생각하며
―서상덕에게

페이스북에서
죽은 친구의 생일 소식을 받았다

프로필 사진 속에서 친구는
주황색 바람막이 점퍼를 입고
어깨에 멘 가방을 부여잡은 채
민망한 듯 아닌 듯
웃는 듯 아닌 듯

그의 배경은
끼리끼리 사진을 찍는 사람들

푸른 하늘과 잔잔한 파도와
옷과 가방과 얼굴은
이국의 어느 항구에 반한 그가
가던 길을 잠깐 멈추었던 것이라 말했다

그를 아프게 했던 것은 대장에 생긴 종양
입원과 퇴원을 반복하는 고통 속에서도 그는
기자로서의 단정함을 잃지 않았었다

그의 성품과
그의 신앙을 믿었던 사람들
그를 아끼는 많은 사람들이 기도를 바쳤지만
결국 떠나고 말았다

그의 동작과 그의 표정과
그의 목소리와 그의 사진 속에서
나도 웃는 듯 아닌 듯

밥 한 톨

북녘땅에 신앙의 자유를 요구하는
명동대성당 집회를 기다리며
육개장 사발면 하나와
햇반 작은 것 사서
뜨끈뜨끈하고 맛있게 먹었다
이마에 흐르는 땀 닦고
전자레인지는 편의점 것이 제일 좋다 생각하며
혈압약까지 잘 챙겨 먹었다
해월 선생은 사람이 하늘이라고
사람 살리는 게 밥 한 톨이라고 외쳤는데
밥알 하나가 이 틈에 끼어 빠지지 않는다
이것도 밥이라 뱃속에 넣으려
이리저리 혀를 놀리다가
"걸친 것은 누데기 얼굴이야 까마귄데
꽃제비라 우리 이름 어이 이리 고울까"*
하는 북녘 시를 읽다가

배고프면 죽는다는 사실

못 먹으면 죽는다는 사실

밥을 먹듯 말씀을 먹고

새벽마다 기도하던 사람들이

오십 년, 십 년 이미

모두 죽었다는 사실을

* 시집 『붉은 세월』과 소설집 『고발』을 쓴 재북 작가 반디의 시 「꽃제비 노래」 중에서

바람막이가 되어

1999년 2월 13일 밤
경기도 평택시 도일동 하리 근처

키 163cm에 얼굴은 둥글고 피부는 좀 까만
흰 블라우스 빨간 조끼 파란색 코트를 입은
송탄여고 3학년 여학생이 사라졌다

그날 마지막 버스를 몰았던 기사는 밤 10시 15분경 송혜희 양이 도일동 하리 입구 도일주유소 앞에서 내린 것을 기억했다 술 냄새를 풍기는 의문의 남자가 같이 내린 게 신경이 쓰였다고 했다 송 양이 내린 정류장은 집에서 약 1km 정도 떨어져 있는 곳이었고 게다가 한밤이었다 길은 논밭과 야산뿐인 어두운 골목 우범지대였다 송 양은 앞에서 걸어가고 남자는 조용히 그 뒤를 따라 걸어갔다고 했다 이게 마지막 모습이었다

못 받은 돈 받아주겠다는 현수막이 걸린
종로 파고다어학원 앞에서
혹등고래 뼈를 조형물로 세운
당당한 시그니처 타워 사이에

우리가 잃어버린 것과 잊어버린 것이 있고
우리가 흘린 것과 내던진 것이 있다

송 양은 사라지고
송 양을 기억하는 육친의 호소가
청계천 삼일교의 바람막이가 되어
펄럭이고 있다

종묘를 지나며

 그는 낡은 의자에 앉아 쭈글쭈글한 비닐봉지를 뒤지고 있었다 등받이엔 터질 듯 끊어질 듯 해어진 배낭이 흔들리며 삐걱거리며 매달려 있었다 그가 젓가락으로 뭔가를 뒤집는 사이 선글라스를 낀 백인 여성 둘이 지나가고 맞은편에선 흑인 청년 하나가 다가오고 있었다 옆에선 담배를 뻐끔거리는 노년들과 바닥에 누워 낮잠을 자는 이가 종묘의 주인이 누구냐는 듯 드높은 가을볕을 즐기고 있었다 나는 땀을 흘리며 닦으며 고개를 떨군 채 종로성당을 향해 느릿느릿 걸어가고 있었다 무슨 성찰이나 특별한 사색이 아니라 거리와 거리를 따라 무심히 걷는 것이었다 가령 거대한 월남 이상재 선생은 말없이 서서 멀리 홍인지문을 향해 고개를 살짝 쳐들었고 낡은 의자와 막 떨어진 꽁초와 몸을 뒤집는 낙엽이 모두 이 가을을 누리는 양식임을, 날리는 종잇조각과 짓뭉개진 은행과 굴러다니는 모든 것들은 차라리 진정한 자유의 형식임을 깨닫는 것이었다

예장공원

늘어지게 잠든 어린것을 품고
땀을 뻘뻘 흘리는 새댁과
유모차를 들고 끙끙거리며
계단을 오르는 젊은 아빠 곁에서
나뭇잎을 쓸고 지나가는 바람이라든가
무릎을 주무르는 초로의 은퇴자라든가
지난 시간을 떠올리는 순간들

흰 손바닥 같은 눈은 내려
"숨도 아이에 쉬지 않어야 춥지 않으리라"*는
생각을 하며 걷는 남산
꿈은 모두 내 것이라고
길몽도 악몽도 내 것이라고
꿈꾸듯 걸어가는 남산

* 정지용, 「예장禮裝」 중에서

기린*에 대하여

저쪽은 뽕나무를 심어 울타리를 삼고

갈대밭은 불을 질러 밭을 일구면

한 해에 좁쌀 천 석은 좋이 거둘 수 있겠군**

소리치듯 그가

기린의 산세를 우러를 때

꺾어지고 미끄러지고 쏟아지듯

가을바람 몰아칠 때

소 한 마리 앞세워 걷는 길

창검은 없고

거기 너무 오래 살지 마라

만들려 하지 마라

쌓지 마라

칼을 던진 영숙에게

붓을 든 연암이

비틀리듯

타오르듯

기도하는 나날들

기린으로 떠난 사람은

세상에 없고

* 기린麒麟은 강원도 인제군 기린면 일원
** 연암 박지원, 「기린협으로 들어가는 백영숙(백동수)에게」(贈白永叔入麒麟峽序) 중에서

백담계곡

이 가을을

골 따라 구불구불 차오르는

이 바람을 무엇으로 막을 것인가

폭우 넘어 폭염 넘어

무슨 수로 견딜 것인가

전화 너머 문자 너머

어떻게 버틸 것인가

백담 돌탑은 낮고

한낮 메마른 자갈 밟으며

개울 건너 다리 건너

발을 씻을 것인가

암자 지나 토굴 지나

옷을 벗을 것인가

이 가을은
어쩌자고 오는 것인가
무엇 하러 오는 것인가

옹졸해지지 않기 위하여
돌 쌓아 기도를 바치고
더는 부끄럽지 않기 위하여
무릎 꿇어 얼굴을 닦는다

어찌할 것인가
이 가을을

힐링 여행

두 놈이 학원 앞에 앉아 벌컥
콜라를 들이켜는 순간

목구멍은 하늘로
트림도 하늘로

다리를 벌리고
궁둥이를 털며
고양이는 석상이 되어
상원사는 높고

누구는 혁명을 위하여 죽고
누구는 가족을 위하여 죽는다며

뜻밖에도 햇살이
GS25 앞에서 고개를 떨굴 때

누구는 소식을 기다리고
누구는 연락을 끊었다는

기도는 기도를 필요로 하는 이들의 형식
기도는 기도밖에 할 수 없는 자들의 일상

전나무 숲 오대산은 높고
사람은 낮고 낮아서 더는
낮아질 수 없는 곳에서 토굴을 파느니

어라,
입이 찢어져라 저놈들이
온몸으로 삼키는 저것들이
시시덕거리며 신나게 웃어대는
토요일 아침

열 권의 책방*

잡종견 연두가 컹컹 짖을 때마다
머쿠실랑** 가지는 흔들리고
귤나무가 숨을 죽이는

서귀포시 남원읍 신례로 120번길 31
며칠째 끊이지 않는 폭염주의보 속에
체 게바라와 통기타와 카메라가 보이고

신생철학이니 호이나키***니
번쩍이는 태양의 분노 속으로
타들어가는 목마름 속으로

재즈와 영화음악과 올드팝이
순서를 기다리는 동안
열 권의 책은 열 권의 금고가 되어
혹은 창고가 되어
동굴이 되어

열 사람의 식구와

열 사람의 행적과

열 사람의 허기를

위미리 다온국밥 뼈해장국과

종달리 소금바치순이네 해물탕을

먹으며 먹으며

이런 것도 위로라고

이것들도 인사라고

폭염 속에서

폭염 속에서

* 제주도 서귀포시 남원읍에 사는 이순호 시인의 작업실
** 멀구슬나무과에 속하는 낙엽 활엽 교목
*** 리 호이나키(Lee Hoinacki, 1928~)

다시 청량리역에서

동쪽에서 떠난 열차는
서쪽으로 향하고

가로지르는 철로의 쇳소리로
동쪽은 텅 외로워진다

그날 새벽 열두 시간을 달린
꾀죄죄한 남쪽 사람들이
줄을 지어 내리고

그들의 왁자한 소음과 하품과
땀내 나는 시간과
사연을 품은 가방과
뼈저린 반성의 한순간이

잔치국수를 팔던 여자의 품에서

소매를 잡아끌던 누이의 손끝에서
새파란 한기에 몸서리칠 때

열차가 말하는 소리와
말할 수 없는 싸늘한 순간이
오늘처럼 모여 쓸쓸할 때

기도하는 사람과
기도를 보는 사람이 엇갈릴 때

열차는 동쪽에서 떠나는 거라고
언제나 그렇다고
말하는

작은 일에 슬픔이 없는 하느님께

주님
곧 죽을 목숨까지
살피시는 주님

이 밤에 우는 자
누구인가요

저 태양은 주님의 것
가슴을 치며 때리며

아버지가 울던 순간을
짧은 비명의 순간을

아들은 이 밤을 우나니
이토록 작은 일에 우나니

3부

수만의 바람
-명동밥집 1

밥집에 와서 밥을 먹지 않는다

밥은 밥솥에서 밥그릇으로 옮겨가고
닭고기가 들어간 카레에 계란프라이
미역국에 김치까지 1식 1국 3찬

밥은
바람결 따라 펄럭이는 천막을 따라
수만의 바람이 되어
바람으로 흘러간다

카레가 묻은 밥그릇과
미역이 붙은 국그릇과
고춧가루 새빨간 스테인리스 종기가
끝도 없이 쉬지 않고 몰려드는
주방 한 켠

인간이 무엇이기에 이토록 기억해 주시나이까*

바람이 모여 바람이 인다

수만의 바람이 인다

발바닥이 아려오는 늦은 오후

밥집에 와서 밥을 먹는다

* 시편 8:4

매미
-명동밥집 2

소독약을 뿌리는데 매미가 운다

번호표를 나눠주는데 매미가 운다

줄을 세우는데

홀서빙을 하는데

식판조를 하는데

설거지를 하는데

운동장에서

천막 안에서

빗속에서

앞치마에서

고무장갑에서

마스크에서

악악대며

칵칵대며

목이 터져라 운다

귀청이 떨어져라 운다

하늘이 찢어져라 운다

내 안에서 운다

네 안에서 운다

식판조
—명동밥집 3

신부님은 전날
어쩌다 시작해서 이젠 일과가 되었다며
자신과 저들은 종이 한 장 차이라고
두세 시간씩 앉아서 배가 터져라 먹어대는
손님들과의 동질감을 표하신 바

오늘 끼니를 때우고 언제
다시 먹을지 알 수 없는 사람들이
다시는 배고프지 않도록
마음껏 먹을 수 있도록 식판조는
밥과 반찬을 나르고 또 나르고

식판조의 기쁨은
넘치는 식객들이 밥과 청국장과
김치와 부추무침과 무채와 계란프라이를
후다닥 후다닥 먹어치우는 것이며

그때를 만나면 식판조는

발바닥이 부리나케 음식을 나르며

땀 흘리며 숨을 몰아쉬며 컥컥대며

지치고 지쳐

제발 손님이 줄어들기를 끊어지기를

바라고 바라게 된다는 것을

알 만한 사람은 다 아는데

그러니까 식판조는

더 바빠져선 안 된다는 것을

아예 없어져도 된다는 것을

차라리 밥집은

문을 닫아야 한다는 것을

퇴식구
―명동밥집 4

밥 다 먹고

국물 다 먹고

김칫물까지 싹 다 먹겠다

퇴식구는

손님이 드시고 나면 잽싸게

빈 그릇 치우는 조

손님의 밥과

국물과 김치와 무침이

건더기와 나물과 김칫물이

하나도 남지 않는다

퇴식구가 필요 없는

손님은 퇴식구

살기 위하여

목을 수그리고

허리를 구부리고

다리를 쩍 벌려서

밥 다시 먹고

국물 다시 먹고

김칫물까지 싹 다 먹겠다

느릿느릿

입이 찢어져라

새까맣게 털어 넣겠다

퇴식구는 날마다

치우고 소독하고

행주질하는 조

칼갈이
—명동밥집 5

칼을 간다
때가 되면 무뎌지는 것들

배추를 썰고 무를 썰고
대파와 부추와 당근과 버섯을 썰던
칼을 간다

칼은 일곱 개
낱낱이 하얗게 시퍼렇게 번쩍이게
날을 세운다

칼갈이는 말도 없이 칼날만 벼리고
식판조는 말없이 식판을 나른다

가을비는 세차게 쏟아지고
500명을 넘기자 발바닥이 저려온다

홀서빙과 퇴식구가 엇갈리는 사이

칼갈이는 날을 세운다

주방조와 설거지가 다리를 주무르는 사이

칼갈이는 날을 닦는다

소리도 없이 칼갈이는

칼을 간다

시니컬 설거지
−명동밥집 6

밥그릇 닦고 나면
국그릇과 종기를 씻는다

숟가락과 젓가락을 헹궈 건조기에 넣고
물컵과 주걱과 국자를 닦는다

줄을 서서
씻고 닦고 헹구고 말리는 설거지
차례로 서서 차례를 기다린다

마감 시간이 다가오면 무릎이 시리다
발바닥에서 열이 난다
손가락 마디마다 쥐가 난다

밥솥과 찜통과 대야에 물을 뿌리고
수압 높여 바닥을 씻어낸다

빗자루 들고 마지막 한 톨까지
쓸고 닦고 쓸고 닦는다

설거지를 끝내고 밥을 먹는다
짧게 인사하고 기도하고
집으로 간다

누구도 뒤를 돌아보지 않는다

용기면, 용기
−명동밥집 7

중절모에 검은색 코트를 입고
짙은 선글라스를 낀 그가 와서

두 다리 쩍 벌리고
밥을 먹고 또 먹고 또 먹다가
벌떡 일어나 소리칠 때

소리 없이 식사하던 손님들 한꺼번에
소리 쪽으로 고개 돌리는 순간
불화살 같은 순간

불고기 더 주고
김치랑 국도 부추도 더 달라며
소리치는 그의 넓은 어깨와
깊은 미간과 산발의 머리는
동상처럼 우뚝했다

밥그릇을 두드리며

혹은 검지를 퉁기며

휘날리는 코트 자락과 함께 그가

밥집의 진짜 주인이 누구인지 확인시키자

봉사자들은 음식을 날랐고

손님들도 조용히 밥을 먹었다

주방 공사
―명동밥집 8

주방은 작고

설거지 공간도 좁아서

밥 짓는 옆에서 물 튀기며 식판 닦고

계란프라이 만드는 곁에서 수저를 씻던

밥집에

"한 달 동안 주방조와 설거지조는 운영하지 않습니다

 고정으로 주방과 설거지 맡았던 분들은 휴가 드립니다"

외식업체 불러서

밥과 국과 반찬에 식판까지 시켜서

편안히 나눠주면 되는데

맘껏 드시게 하면 되는데

휴가 가래도 가지 않고

간식 먹으래도 먹지 않고

잠시 앉으래도 앉지 않는

주방조와 설거지조 곁에서

남은 음식 싸가지 말라는데

비닐봉지 열어 보여 달라는데

"내 목숨 내가 알어!"

소리치는 손님 곁에서

소리 없이 잔반 모으고

식판들 쌓아 올리는

주방조와 설거지조

기우뚱거리는 하루
−명동밥집 9

휘청대며 걸어오는 그를 본다
의족과 지팡이로 절뚝이는 걸음
지탱할 것도 없는 비쩍 마른 몸을
규칙적으로 들었다 놓는다

비틀대며 다가온다
버틸 것도 버틸 힘도 없이
몸 던지듯 땅바닥을 툭툭 치며
걸음이 걸음을 따른다

그는 한때 은행원으로 행장을 모셨고
협회 직원으로 회장을 보좌했다
마케터로 애널리스트로 리포터로
DJ를 거쳐 프로듀서이자 시인으로
그가 걸어가는 길은 언제나
불꽃처럼 불빛처럼

타오르고 번쩍였다

그가 걸어오는 모습에
그가 걷던 형상이 겹쳐진다
밥집이 기우뚱거린다

꺼져가는 불꽃처럼
사그라지는 불빛처럼
다 늙은 태양처럼
그의 걸음이 컴컴하다

비둘기가 사라졌다
—명동밥집 10

배식조 밥 담당 뒤에서 밥솥을 긁는다
한 톨이라도 버려지지 않도록 깨끗이 긁는다

밥솥 긁을 땐 물을 좀 부어야 한다
눌어붙은 밥풀은 접착제처럼 떨어지지 않는다
급하지 않게 찬찬히 긁어야 한다

긁은 물을 흩뿌린다
뿌려진 모양을 따라 비둘기가 줄을 선다
한 톨도 남기지 않고 먹어치운다
운동장은 금방 깨끗해진다

순간 저 끝에서 비명소리가 들린다
선글라스에 중절모를 쓴 그가 갑자기
한 여성의 얼굴을 향해 사정없이
주먹을 휘두른다, 거푸

"개새끼, 밥이나 처먹지
 얻어먹는 주제에 주먹질이야
 개새끼, 처먹기나 하지"

경찰차가 오고
두 경관이 두리번거리며 걸어오는 사이

놈들이 자취를 감췄다
꼬리도 보이지 않는다
밥풀이 그대로 말라간다

밥풀이 문제다
쓰레기가 되어 운동장을
더럽혀선 안 된다

밥집의 성탄절
―명동밥집 11

식객이 먹는 밥과
국과 김치와 나물과
식탁과 의자가 너무 차다

헐레벌떡 성큼성큼
절뚝절뚝 비틀비틀

영하 17도를 기록한 성탄절 오후
반쯤은 얼굴이 얼어 벌겋게
반쯤은 허리가 식어 구부정하게

추운 날 손님은 더욱 많아서
밥집 빈자리는 너무 적어서

어머니가 이렇게 간신히 살아온 걸
아버지가 저렇게 비틀려 살아온 걸

손님이 먹는 밥과

봉사자가 쓰는 모자와 장갑과

행주와 세제와 물과 공기가

빠듯하다

천여 명의 손님이 오고

백여 명의 봉사자가 온다

성탄절이

빠듯하다

한통속
―명동밥집 12

몇 시간 봉사하고
몇 배를 얻는 길이라면
밥집에 가야 한다

밥집은
밥을 먹어야 하는 사람들이
밥을 위하여
밥을 찾는 곳

밥을 먹는 사람과
밥을 나르는 사람들이
한통속이 되는 곳

밥집은
밥과 함께
밥이 되어

우리 모두 한통속임을 깨닫는 곳

우리는 밥으로 살고

밥으로 죽고

밥이 되어 떠난다

스물두 번째 편지*
―명동밥집 13

밥집 옆 성모동산에서
편지를 보았다

무대는 높고
날씨는 차가운
늦은 가을이었다

편지는 200년 동안 누구도 우리에게서 아무것도 빼앗아 가지 못했다는 사실을 매우 디테일한 상황 재연으로 때로 과장된 비유로 춤으로 노래로 말하고 있었다

김대건 신부는
파리로 보낸 몇 통의 편지가 되어
무대와 객석을 가늘게 잇고 있었다

그가 탄 배는 떠나고

폭풍 속에서 돛도 돛대도 버린 다음
모든 것으로부터 버려진 한 목숨으로
뱃전에 잠들었을 때

편지에서 편지 사이로 떠다닐 때
포도청에서 새남터로 이송될 때

편지는 이미
밥과 함께 다른 밥을 향해 나아가는
밥집을 가리키고 있었다는 걸
나는 보았다

* 성 김대건 안드레아 신부의 삶을 다룬 연극

두 그릇
—명동밥집 14

할배들이 자꾸 밥 더 달라 안 하나
여야이 부실해서 안 글나
돼지고기도 아이고 닭고기도 아이고
계란프라이 하나가 뭐꼬

'이정은 6' 모자를 쓴 구부러진 할머니가
모로 서서 조근조근 따지는 사이

저런 사람도 살겠다고 발버둥치는데
두 다리 멀쩡한 나는 밥이나 얻어먹고

하면서 선글라스를 고쳐 쓰는
양복쟁이 뒤통수에 대고

계란이가요

입안에 넣으면유

아주 살살 녹아유

하면서 이를 쑤시던 시커먼 중년이

스티로폼과 종이상자와 여행가방을 다잡아 끌고

한여름 언덕배기로 느릿느릿 올라가는 사이

다 떨어진 쇼핑 가방을 들고 처음인 듯

두리번거리며 성큼성큼 내려온다

샌들 바닥과 발바닥이 서로 먼저 땅에 닿는

찢어진 바짓단 종아리는 햇밤처럼 빛나고

노끈으로 묶은 허리춤 나이키 셔츠도 빛난다

두 그릇 무그믄

낼 저녁까지 안 무도 된다 아이가

턱수염은 가슴께까지 늘어뜨리고
머리카락은 사방으로 뻗쳐서
두리번거리며 성큼성큼 내려오는

4부

다시, 파리로

그날은 안개가
하늘을 지우고 나무를 지우고
마을과 도로와 강을
지우고 있었다

흐리고 축축하고 차가운 입자들이
소리 없이 빈틈없이 눈앞을
가득 채우고 있었다

그녀는 이십 년 전에도 그랬다며
떠나는 남자의 등을 두드려 주었고
영하 5도의 봄은 아직 오지 않았다

나는
야반도주하는 가장이거나
좀도둑이거나 패잔병처럼

지상을 떠나는 일은 언제나

갑작스럽고 놀랍고 섬뜩하다는

생각을 하며

그녀가 남겨놓은 목소리를

그녀의 체취를

그녀의 온기를

고속의 이미지 속에

새겨 넣었다

말없이, 둥글게

고도 11,582미터의 하늘은 차갑고

영하 64도의 바람은

란저우와 울란바타르를 지나

몽골 평원과 고비사막과

알마티와 이닝과 카라메이를 지나

시속 838킬로미터로 불어온다

저렇게 메마른 땅을 떠나면

이토록 싸늘한 하늘에 있어야 한다는 것을

비행기는 아주 시니컬하게 알려준다

지구는 둥글고

러시아와 우크라이나 전쟁을 피하는 길도 둥글다

항로는

직선도 둥글고

곡선도 둥글다는 것을 말하고

둥글고 둥글게 산다는 것이 결국

저 텅 빈 허공에 잠깐 빗금 긋는 일임을

아주 심드렁하게 일깨워 준다

승무원들은 둥글게

탑승객도 둥글게

나도 둥글게

13시간 동안 둥글게

말없이, 둥글게

몽파르나스 공동묘지

죽은 사람들이
산 자들의 기억을 위해
살아나는 아침

비는 내리고
늙은 오픽과 젊은 보들레르는 함께 누워
'알바트로스'와 '인간과 바다'를 노래한다

샤르트르와 마담 보봐리가 나란히 걸어가는
몽파르나스 공동묘지 담장 곁으로

지팡이를 짚은 남자와
보행기를 밀고 오는 여자 사이로
가랑비는 내리고

아기를 품에 안은 젊은 부부와

한 떼의 한국인들이 마주친다

지나가는 시간 말없이

축축하게 젖어드는 아침에

살아서도 죽어서도

말이 필요 없는 아침에

아비뇽에서

성 베네제*가 초석을 놓은
퐁아비뇽을 지나 성곽 넘어 도심으로

길은 구불구불 좁게 비틀어져서
지상이 아니라 지하로
유배를 넘어 유폐로

로마를 떠난 교황은
미사가 끝난 한밤에 도착했다지

제대 위 성경은 없고
촛대 위 촛불도 없고

고개를 늘어뜨린 채 피 흘리는 얼굴
대못이 뚫고 들어간 두 손과 두 발
창에 찔린 가슴과 벌어진 맨살

그리스도의 마지막 순간은

이미 가슴에 새겼다고

새벽빛을 따라 교황은

침실에서 침실로

쪽문에서 쪽문으로

첨탑 위에는 성모상

종탑 위에는 종소리

* 다리 건설자의 성인 베네제(Saint-Bénézet)

마르세유 대성당*

돌산과 돌섬 사이로

짙푸른 지중해가 펼쳐진

항구는 멀리 흰 깃발들을 휘날리고

비좁은 골목 돌고 돌아

쉬지 않고 불어오는 맵짠 바람을 타야

정점에 오를 수 있다고

성당은 언제나

어디서나 마르세유의 꼭지점

바위산 위의 거대한 암벽이 되어

굳세고 힘차고 튼튼하게

오르고 올라 영원히

성전 입구에는 그리스도의 몸

긁히고 찢어지고 구멍 뚫린 육신

피 흘린 자리마다 새빨간 핏물이 흘러

기도하는 자들은 가슴을 때린다

나는 왜 이곳에 왔는가

나는 어디로 가는가

첨탑 위에는

아기 예수를 품에 안은 마리아

구원을 열망하는 사람들의 바람이

금빛으로 빛나는

* 노틀담 들라가르드 성당(Basilique Notre Dame de la Garde)

퐁텐블로, 그리고 파리로

죽은 나폴레옹이 산 자들을 먹여 살린다
퐁텐블로에서 파리까지
루브르에서 앵발리드까지

정복의 역사를 찬양하며
영광을 구가하던 시간이 그립다

그의 칼과 왕관과 왕좌와 침대는
빨강에서 초록까지
황금과 진주와 다이아몬드까지

나의 고통이 아니라
나의 슬픔이 아니라

황후의 미모와 지혜와 결단까지
제국의 법과 제도와 영토까지

빛나는 성공의 역사를 갈망하는

나의 걸음과 눈을
나의 마음과 귀를

죽은 나폴레옹이 산 자들을 먹여 살린다
퐁텐블로에서, 파리로

오베르 쉬르 우아즈*

빈털터리가 되어
아무것도 없는 홀몸이 되어
70일 동안 여든 점을 그린
고흐와 동생 테오가 묻힌 땅

여인숙이 있고
주인집 딸이 있고
가셰 박사가 있는

이글거리는 태양도
반짝이는 별빛도
갈라진 땅도
아무것도 기억해 주지 않는

저토록 흐린 하늘이라면
찬바람이라면

빈 들녘이라면

우아즈강을 따라 흘러가는 저 목숨을
고통에서 벗어나고픈 한 인간을

기억하리라는 다짐을
기억해 주리라는 믿음을

전하고
전하는

* 만년의 빈센트 반 고흐가 살다 묻힌 마을

시의 날

한국학을 배우는 학생 100여 명이 한국에서 온 일단의 시인들을 만났다

엊저녁 한 학생이 제게 수많은 카톡을 보냈더군요 "행복한 시간이었다" "감동적인 시간이었다" … 특히 고무적인 것은 "시를 전혀 안 좋아했었는데 오늘 이 기회로 시와 사랑에 빠졌다"는

한국의 시인들이 엑상프로방스 풍광에 감탄하며 화구를 짊어진 늙은 세잔의 동상 곁에서 황홀한 여흥을 즐길 때 한 어린 학생은 눈물을 훔치며 한국의 시와 예술과 문화에 빠져들었다는 소식

금요일 오후 교정은 고요하고
갑자기 열차 한 대가 나타나
꽝하고 소리치며 떠난다

다시, 공항으로

길은 가도 가도 직선

샹티이성에서 드골공항까지

나무는 갈색, 수직의 메마른 정물들

봄은 아직 오지 않았다고

길은 언제나 직선

기도는 끝날 수 없고

육지에서 살 수 없는 사람은 바다로 나가고

지상에서 살 수 없는 사람은 하늘로 오른다

파리에서 서울로

굽은 길 펴서 다시

직선으로

:해설

신과 밥-인간다움의 조건

조대한 (문학평론가)

>주여, 우리를 굶어 죽지 않게 하소서.
>주여, 우리 어미 아비 자식이 한데 모여 살게 하소서.
>주여, 겁 많은 우리를 주님의 나라로 부르지 마시고
>우리들의 마음에 주님의 나라를 세우소서.
>김훈, 『흑산』 중에서

 김훈의 소설 『흑산』은 18~19세기를 전후로 발생했던 조선의 천주교 박해 사건을 배경으로 한 작품이다. 다만 이 소설은 극으로 치달았던 종교와 정치의 이데올로기 다툼보다는 거대한 역사적 무대의 한복판에서 하릴없이 스러져가는 낱낱의 존재들의 모습을 그려내는 데 더욱 많은 공을 들이고 있는 것처럼 보인다. 굶어 죽지 않을 한 끼의 밥을 먹기 위해서, 당장의 매를 맞지 않기 위해서 기도하며 삶을 이어가는 한갓된 존재들의 모습은 그 풍경을 서술하는 작가의 건조한 문체와 어우러지며 묘한 비극적 울림을 낳는다. 한편 독일의 철학자이자 유대 메시아주의에 기반을 둔 신학자이

기도 했던 발터 벤야민은 밥을 먹는 일을 생존을 위한 기능적 수단을 넘어서는 일로 간주하였다. 밥은 타인과 같이 나누어 먹을 때만 그 본연의 의미가 생성된다고 그는 이야기했다. 홀로 음식을 먹는 곳에서는 경쟁과 다툼이 발생하지만 함께 밥을 나누어 먹는 순간 유기체의 생존을 넘어선 인간적인 의미의 결속이 가능해진다고 벤야민은 주장한다.

상정하고 있는 시대적 배경과 맥락의 상이함을 얼마간 감안하더라도 신의 뜻과 섭리를 따르는 인물들이 등장하는 글에서 '밥'에 대해 이렇듯 다른 의견이 제기되는 것은 퍽 흥미로워 보인다. 과연 밥을 먹는다는 것은 허위를 뺀 인간의 본질 그 자체인 것인가. 아니면 그런 최소치의 인간을 뛰어넘는 일이야말로 진실로 인간다운 것인가. 여기 그 쉽지 않은 질문 사이에서 분투 중인 한 시인이 있다.

다채로운 방식으로 독해 가능한 김재홍 시인의 다섯 번째 시집 『기린으로 떠난 사람』에서도 유독 눈에 띄는 테마 중 하나는 '밥'이다. "우리는 밥으로 살고/ 밥으로 죽고/ 밥이 되어 떠난다"(「한통속—명동밥집 12」)고 되뇌는 시인은 누구도 크게 의심하지 않았을 "배고프면 죽는다는 사실"과 "못 먹으면 죽는다는 사실"(「밥 한 톨」)들을 계속 붙들고 고민과 사유를 이어 나간다. 밥을 먹는 일, 다시 말해 밥을 먹어야 하는 존재로 태어난 일은 그 자체로 이 시집 속의 주요한 시적 의제이자 질문이 되고 있는 셈이다.

특히나 가장 먼저 눈에 들어오는 것은 시집의 3부 전체를 할애하고 있는 밥집에 관한 연작시이다. 1번부터 14번까지 이어진 연작시의 첫 번째 작품 「수만의 바람-명동밥집 1」의 서두는 "밥집에 와서 밥을 먹지 않는다"는 흥미로운 문장으로 시작된다. 밥, 김치, 미역국, 닭고기가 들어간 카레 등 여러 음식들이 나열되어 있지만 정작 시적 화자가 주목하는 것은 음식물의 흔적이 묻은 밥그릇과 국그릇, 그리고 "고춧가루 새빨간 스테인리스 종기"이다. 수많은 인파가 지나간 뒤 "발바닥이 아려오는 늦은 오후"가 되어서야 "밥을 먹는다"는 진술로 미루어보건대 아마도 화자는 사람들에게 먼저 밥을 제공하는 일을 도맡고 있는 듯 보인다.

    오늘 끼니를 때우고 언제
    다시 먹을지 알 수 없는 사람들이
    다시는 배고프지 않도록
    마음껏 먹을 수 있도록 식판조는
    밥과 반찬을 나르고 또 나르고

    식판조의 기쁨은

넘치는 식객들이 밥과 청국장과
김치와 부추무침과 무채와 계란프라이를
후다닥 후다닥 먹어치우는 것이며

그때를 만나면 식판조는
발바닥이 부리나케 음식을 나르며
땀 흘리며 숨을 몰아쉬며 컥컥대며

지치고 지쳐
제발 손님이 줄어들기를 끊어지기를
바라고 바라게 된다는 것을
알 만한 사람은 다 아는데

그러니까 식판조는
더 바빠져선 안 된다는 것을
아예 없어져도 된다는 것을

차라리 밥집은
문을 닫아야 한다는 것을
―「식판조-명동밥집 3」 부분

인용된 위 시편을 보면 밥을 제공하는 인물들의 정황이 보다 구체적으로 나타난다. 그들은 밥을 굶는 사람들, 혹은

"오늘 끼니를 때우고 언제/다시 먹을지 알 수 없는 사람들" 을 위해 '식판조'가 되어 정신없이 일을 하고 있다. 밥과 반찬을 나르는 그들의 기쁨은 밥집을 찾은 많은 식객들이 차려놓은 음식을 "후다닥 먹어치우는 것"이지만, 동시에 더 이상의 사람들이 밥을 먹으러 이곳을 찾지 않았으면 하는 모순된 마음이기도 하다. 식판조가 끝도 없이 움직인다는 것은 그만큼 한 끼 식사만을 바라며 급식소를 찾는 배곯는 이들이 많다는 것이기에 자신들이 "더 바빠져선 안 된다는 것을", 오히려 언젠가 이곳은 "문을 닫아야 한다는 것을" 그들은 잊지 않고 있는 듯하다.

여러 시적 정황상 '명동밥집'이라는 명칭은 한 천주교 단체에서 실제 운영하고 있는 무료 급식소를 지칭하는 것처럼 보인다. 비정한 질병을 계기로 우리 사회의 부끄러운 민낯과 환부가 더 크게 드러났던 시절의 한가운데서 이 밥집은 사람들에게 음식을 나눠주기 시작했다고 한다. 외국인들의 발길이 가장 많이 닿았던 명동은 당시 팬데믹의 공포 탓에 도리어 인적이 드문 곳이 되어버렸고, 여러 봉사 단체의 모임과 최소한의 급식, 급수 시설마저 방역을 빌미로 제한당하기 일쑤였다. 거리두기를 요했던 질병보다 바짝 다가온 당장의 허기가 삶을 위협하는 노숙인들을 위해 밥집은 명동성당 한복판에 문을 열었고 지금까지도 나눔을 이어오고 있다. 이들에게 '밥'이라는 것은 개인의 생존을 위한 필수재를 넘어 타인들과 나누어야 하는 무엇으로 여겨지는 듯싶다. 동물로서의 인간 그 이상을 추구하는 이들의 가치는 아마도 가난한 이들에게 오병이어의 기적을 행한 종교적 가르침에 기반을 둔 것처럼 보인다.

타인과의 나눔, 사회적으로 소외된 이들에게 보이는 관심은 '명동밥집' 연작시뿐만 아니라 이 시집 전반에 깔려 있는 시인의 태도이기도 하다. 가령 「바람막이가 되어」라는 작품에서 시인은 실종된 한 학생에 관한 이야기를 꺼낸다. 163센티미터의 키에 둥근 얼굴, 까만 피부를 지녔던 송탄여고 3학년 송혜희 양은 친구들과 헤어진 뒤 막차를 타고 집으로 돌아오는 길에 어디론가 사라져 버렸다. "도일동 하리 입구 도일주유소 앞"에서 내린 것을 기억한다는 버스기사의 진술, "술 냄새를 풍기는 의문의 남자"가 함께 하차했다는 제보 등은 여러 의심과 걱정, 송 양의 무사 귀환을 바라는 기대감을 고조시키지만 "1999년 2월 13일 밤"이라는 시의 문구는 피어올랐던 일말의 감정들조차 다시금 흩어지게 만든다. 생존해 있다면 이제는 40대가 되었을 송 양과 지금의 우리 사이에는 20년이 훌쩍 넘는 암담한 세월의 벽이 놓여 있기 때문이다. 그럼에도 불구하고 시인은 "우리가 잃어버린 것"과 "잊어버린 것" 앞에 한참을 머물며, "못 받은 돈 받아주겠다는 현수막이 걸린" "종로 파고다어학원"과 "당당한 시그니처 타워 사이"에서 빛바랜 채 파묻혀가고 있는 한 존재를 조심스레 길어 올리고 있다.

이 같은 시인의 태도는 타인을 향한 선한 마음에서 비롯된 것이지만 그것을 단순히 긍휼과 연민의 마음으로만 한정 짓기에는 조금 섣불러 보인다. 예컨대 「기우뚱거리는 하루-명동밥집 9」에서 시인은 의족과 지팡이에 비쩍 마른 몸을 기댄 채 휘청대며 급식소로 들어서는 한 남자를 본다. 그는 한때 은행원이자 마케터였고 리포터이자 애널리스트였으며 프로듀서이자 시인으로서 정열적이고 멋진 삶을 살아왔다. 그 빛나는 "불빛처럼/타오르고 번쩍였"던 과거의 모습은 "사그라지는 불빛처럼" 어둑어둑해진 지금의 걸음걸이와 선명히 대비되어 기묘한 비애감을 풍긴다. 그리고 이러한 대비적 자각은 남자의 과거와 현재뿐만 아니라 시인과 남자 사이에서도 한 번 더 이루어지는 듯하다. "그가 걸어오는 모습에/그가 걷던 형상이 겹쳐"지는 순간, 누군가의 삶에서 자신과 비슷한 생의 무게와 사연을 감각하게 된 순간, 보이지 않던 존재의 체적을 새삼 인식하게 된 시인의 세계는

잠시 한쪽으로 몸을 "기우뚱거"릴 수밖에 없다.

프랑스의 철학자 자크 랑시에르는 보이지 않는 이들, 사회에서 자신의 몫을 할당받지 못한 존재들에 대해 이야기를 꺼낸 적이 있다. 그런 이들에게 스스로의 몫을 돌려주는 일, 발언권이 없는 이들의 목소리로 화해 언어를 발화하는 일을 시 혹은 미학이 할 수 있는 최대한의 정치라고 랑시에르는 이야기한다. 소외된 이웃들과 끼니를 함께 나누고 무감각한 일상의 속도에 파묻혀 잊혀가는 존재들의 목소리를 길어올리는 시인의 모습은 아마도 그가 주장했던 철학적 논의에 부합하는 좋은 사례일 것이다. 그저 단순히 먹고 살아가는 일, 눈에 보이는 물질적인 세계의 일 이상의 무언가가 우리에겐 필요하다고 시인은 믿고 있는 듯하다. 하지만 이 시집의 가치를 더욱 높게 만들어주는 것은 그러한 선한 마음과 종교적 가치, 올바름의 이론적 논의 등으로도 어찌할 수 없는 날것의 인간과 즉물적인 그 욕망의 모습들을 나란히 보여준다는 점일 것이다. 이를테면 이런 시이다.

> 휴가 가래도 가지 않고
> 간식 먹으래도 먹지 않고
> 잠시 앉으래도 앉지 않는
> 주방조와 설거지조 곁에서

남은 음식 싸가지 말라는데
비닐봉지 열어 보여 달라는데
"내 목숨 내가 알어!"
소리치는 손님 곁에서

소리 없이 잔반 모으고
식판들 쌓아 올리는
주방조와 설거지조
                        —「주방 공사-명동밥집 8」부분

배식조 밥 담당 뒤에서 밥솥을 긁는다
한 톨이라도 버려지지 않도록 깨끗이 긁는다

밥솥 긁을 땐 물을 좀 부어야 한다
눌어붙은 밥풀은 접착제처럼 떨어지지 않는다
급하지 않게 찬찬히 긁어야 한다

긁은 물을 흩뿌린다
뿌려진 모양을 따라 비둘기가 줄을 선다
한 톨도 남기지 않고 먹어치운다
운동장은 금방 깨끗해진다

순간 저 끝에서 비명소리가 들린다

> 선글라스에 중절모를 쓴 그가 갑자기
> 한 여성의 얼굴을 향해 사정없이
> 주먹을 휘두른다, 거푸
>
> "개새끼, 밥이나 처먹지
> 얻어먹는 주제에 주먹질이야
> 개새끼, 처먹기나 하지"
> ―「비둘기가 사라졌다-명동밥집 10」 부분

인용된 위의 시편에는 어깨도 마음껏 펴지 못하는 좁은 공간에서 음식을 배식하고 잔반을 처리하며 남겨진 식판을 씻는 주방 및 설거지조의 모습이 나온다. 이들은 타인에게 식사를 제공하는 자신들의 행위가 힘든 노동이 아닌 모종의 소명에서 우러나온 일이라는 것을 증명이라도 하려는 양 주어진 휴가도 모두 반납하고 고집스레 눈앞의 일에 몰두한다. 그런 이들의 풍경 옆에 밥집의 규칙을 무시하고 막무가내로 소리치며 여분의 음식을 더 가져가려는 손님의 모습이 함께 펼쳐진다. 선의의 나눔과는 다소 어울리지 않는 이 같은 우악스러운 행태는 소리 없이 자신의 일을 행하고 있는 주방조, 설거지조의 모습과 대비되며 씁쓸한 여운을 남긴다.

다음의 작품에서도 배식조 뒤편에서 묵묵히 설거지를 하

고 있는 봉사자의 모습이 그려진다. 이들 앞에서 누군가는 주먹을 날리고 누군가는 거센 욕설이 담긴 고함을 지른다. 한 끼의 밥을 나눠 먹는다는 사실이 그 누구의 잘못도 부끄러움도 아닐 터인데, "처먹기나 하지" "얻어먹는 주제에 주먹질"이나 하는 "개새끼"의 폭력과 자신을 향해 있던 비하의 화살을 수평의 타인에게 던지는 누군가의 욕설은 그곳을 둘러싼 모두에게 원하지 않는 상처를 주고 있는 듯하다. 소동을 일으킨 이들이 쫓겨나고 경찰차가 등장하는 어수선한 와중에도 설거지를 맡은 이들은 물에 불은 밥풀을 주변 비둘기들에게 먹이고 곧 다시 시작될 배식 준비를 한다. 하지만 아무리 깨끗하게 닦아보아도 "눌어붙은 밥풀"처럼 남은 어떤 찜찜함은 마음 한구석에 마르듯 달라붙어 쉽사리 "떨어지지 않는다"

이 같은 장면은 선을 베풀고 나눠 받는 사람들의 모습이 정겹고 아름다울 것이라는 우리들의 막연한 예측과 기대를 빗겨나가게 만든다. 요는 봉사를 하는 이들의 고귀함과 수혜를 받는 자들의 무례함의 대비가 아니라, 조물주가 만든 이 세계의 풍경이 그런 인간의 선악과는 아무런 상관없이 흘러간다는 점이다. 흩뿌려진 밥알을 주워 먹기 위해 모여든 날짐승과 배식을 받기 위해 줄을 선 식객들이 자연스

레 겹쳐지는 장면이나, 명료한 '나'가 아닌 3인칭 카메라의 시선으로 밥집의 정경을 담아내는 위 시편들의 서술 방식은 그 같은 무심함을 한층 더 도드라지게 만든다.

유사한 장면이 「매미-명동밥집 2」에서 한 번 더 포착된다. 밥집에 모인 사람들은 한여름의 더위와 전염병의 위험 속에서도 모두 마스크를 쓰고 번호표를 나눠주며 배식 준비를 한다. 정신없이 밥을 나르고 서빙을 하고 설거지를 하는 와중에 나무에 매달린 여름 매미들은 그저 "목이 터져라 운다". 군중들의 나눔과 소란 따위는 저와 상관없다는 듯 "귀청이 떨어져라" 시끄럽게 운다. 수년의 시간을 땅속에서 보내다 보름 남짓한 시간 동안만 "하늘이 찢어져라" 퍼붓는 매미의 이유 모를 울음과, "악악대며/ 칵칵대며" 먹이를 나누는 인간들의 소음이 한순간 겹쳐지며 부산하고 구슬픈 공명을 낳는다.

밥과 세계 내 존재들에 대한 이러한 시적 고민은 '신'이라는 형이상학적 존재를 둘러싸고 더욱 심화되어 가는 듯 보인다. 「툰드라의 아침」이라는 작품에는 삶을 지속하기 위해 무언가를 탐해야 하는 여러 존재들의 모습이 묘사되어 있다. 일 년 내내 얼음이 녹지 않는 극북의 땅에서 햇살을 받으며 자라나는 식물들의 씨앗이 있고, 그것들을 먹기 위해 얼어붙은 땅을 이리저리 돌아다니는 한 무리의 순록이 있으며, 다시 그들을 기르고 사냥하며 제 목숨을 이어가는 네네츠 족의 인간들이 있다. 이 모든 존재들이 혹한의 조건 속에서도 살아갈 수 있는 것은 모종의 믿음이 있기 때문이다. 설원 "저 끝에는 눈부신 금빛 태양"과 "수백만 순록이 있음을 믿"기에 그들은 "가도 가도 끝없는 눈밭 위를", "알 수 없는 햇빛 속을", 한없이 펼쳐진 부조리한 이 세계 위를 지칠 때까지 달려 나갈 수 있다.

하염없고도 숭고한 그들의 모습에서 시인은 특히나 어떤 순간에 집중한다. 시인은 풀을 파먹기 위해 언 땅에 머리를 박고 있는 순록과, 칼을 들어 그들의 심장을 꺼내는 네네츠인이 "아무렇지 않게 콧김을 나눌 때"의 찰나를 포착한다. 차가운 신의 섭리와 삶의 "뜨거운 핏기"가 스치는 순간, "먹는 자와/ 먹히는 자 사이에/ 싸늘한 빗금이 그어지는 순간"(「오후의 불일치」), 세계의 메마름과 존재들의 가열찬 헐떡거림이 교차되는 바로 그 순간 "너는 무엇을 먹느냐"는 무심한 질문은 "너는 무엇으로 사느냐"는 삶 그 자체에 대한 둔중한 질문으로 바뀌어 우리에게 되돌아온다.

보이는 것과

보이지 않는 것의 경계를 허무는
알 수 없는 차가운
안개 속으로

이 가을
하늘이 쏟아진 듯
분자 운동의 싸늘한 필연성이
스치듯 스미듯 물밀듯

마을을 가리고
도로를 가리고
창문을 가리고

이미 떠난 사람들과
이제 떠날 사람들의 경계를 지우는
심연 속으로
침묵 속으로
     -「보이지 않는 시간」 부분

이 가을은
어쩌자고 오는 것인가
무엇 하러 오는 것인가

옹졸해지지 않기 위하여

돌 쌓아 기도를 바치고
더는 부끄럽지 않기 위하여
무릎 꿇어 얼굴을 닦는다

—「백담계곡」부분

 위에 인용된「보이지 않는 시간」에는 "보이는 것"과 "보이지 않는 것" 사이의 경계에서 고뇌하는 '나'의 모습이 그려져 있다. 이는 물론 여러 가지 의미로 해석 가능하겠지만 우리가 지금까지 논의한 바를 적용해 본다면 먹는 것과 먹는 일 이상의 것, 또는 눈에 보이는 물질적인 것들과 눈에 보이지 않는 형이상학적인 가치 사이의 고민이라고 말할 수도 있겠다. 문제는 그런 질문과 고민들이 서늘한 세계의 작동 안에서 아무렇지도 않게 묻혀 사라져버린다는 점이다. 이유를 "알 수 없는 차가운/ 안개"와 기계적으로 반복되는 싸늘한 계절의 조짐이 땅 위의 존재들을 덮치면, 누군가는 도톰하게 차오른 생명의 결실을 뜯어 지겨운 삶을 유예해 나갈 것이고 또 누군가는 겨울을 예감하는 차가운 가을바람에 휩쓸려 굶주린 채 스러져갈 것이다. 유일하게 공평한 것은 "이미 떠난 사람들"과 "이제 떠날 사람들" 모두 그 구분이 무색하게 "싸늘한 필연성" 아래 공히 "심연"과 "침묵 속으로" 잠겨갈 것이라는 사실뿐이다.

「백담계곡」에서도 사정은 마찬가지이다. 궂은 폭염과 폭우를 견디며 지나온 이들에게 가을의 찬바람은 또 약속처럼 닥쳐온다. 이 모든 것들이 창조주의 뜻대로 배정되어 있는 것일 텐데 차디찬 바람과 함께 다시금 땅 위의 존재들을 먹는 자와 굶는 자로 가르는 "이 가을은 너무 메마르다는"(「오후의 불일치」) 생각을 지울 수가 없다. 대체 "이 가을은／ 어쩌자고 오는 것인가" 스스로를 한없이 나약하게 만드는 잔인한 이 세계에서 우리는 과연 무엇을 할 수 있고 또 해야만 하는가. 자꾸만 생겨나는 질문들을 저 너머 어딘가에 던져보지만 구원의 응답은 쉬이 들리지 않는 듯하다. 왜냐하면 '신'은 유한한 인간 이상의 가치와 지침을 선물해 준 존재이기도 하지만, 이토록 무심한 세계의 섭리와 부조리한 침묵을 대변하는 이름이기도 하기 때문이다. 하늘을 향한 질문과 늘어난 침묵의 깊이만큼 높아진 돌탑을 앞에 두고 시인은 더는 "옹졸해지지 않기 위하여" 애써 경건하게 얼굴을 닦고 무릎을 꿇은 채 기도를 올린다.

서두에 언급된 김훈의 소설 『흑산』이 18~19세기 조선의 종교 탄압을 배경으로 한 작품이라면, 엔도 슈사쿠의 『침묵』은 조선보다 조금 이르게 발생했던 17세기 일본 에도 막부의 천주교 박해를 바탕으로 쓰인 작품이다. 정약전, 황사

영 등 역사 내 인물들이 주인공으로 등장했던 김훈의 작품과 마찬가지로 슈사쿠의 『침묵』 역시 실존했던 크리스토방 페헤이라와 주세페 키아라 신부의 일화를 모티브로 삼고 있다. 다만 이 소설은 배교한 신부의 이야기와 그 내밀한 감정을 서사로 다루면서 보다 직접적으로 신과 종교에 관한 질문을 던지고 있다. 일본으로 선교를 떠났던 신부 페헤이라가 갖은 탄압을 이기지 못하고 배교했다는 소식이 전해지자 그의 제자였던 로드리고는 자원하여 일본으로 잠입을 떠난다. 하지만 먼 바다를 건너 일본에 도착한 그가 마주했던 것은 막부에 의해 핍박받고 처형당하는 참혹한 신도들의 모습이었다. 분을 이기지 못한 동료 신부는 신도들을 구하려 달려들다 목숨을 잃는다. 절절한 신도들의 기도와 "비애에 빠진 인간들의 소리"에 "아무런 응답도 없이 다만 침묵"하고 있는 신을 향해 로드리고 신부는 다음과 같이 외친다.

"그만해 주시오. 중지해 주시오. 주여, 지금이야말로 당신은 침묵을 깨 버리셔야 합니다. 더 이상 침묵하고 계셔서는 안 됩니다."

물론 슈사쿠의 『침묵』을 응답하지 않는 신을 향한 의심과 불신의 이야기로만 읽어내는 것은 오독에 가깝다. 오히려 결말에 이르러 로드리고 신부는 박해받는 신자들을 위해 기꺼이 자신의 모습이 담긴 성화를 밟으라고 속삭이는 신의 목소리를 마주한다. 그러니 이 소설은 신앙에 대한 질문과 고뇌, 새로운 발견의 서사로 이해되는 것이 옳다고 보아야 할 것이다. 이 같은 신의 침묵과 인간의 갈구, 불신의 끝에서야 신을 자각하는 아이러니한 이야기는 우리에게 그리 낯선 종류의 것은 아니다. 열 명의 아이들을 모두 저세상으로 떠나보내고 온몸을 휘감는 고통의 질병을 감내하던 욥은 신의 까닭 모를 시련 앞에 울분을 토했고(『욥기』 30장 20절: 주님, 내가 주님께 부르짖어도, 주님께서는 내게 응답하지 않으십니다. 30장 24절: 주님께서는 어찌하여 망할 수밖에 없는 연약한 이 몸을 치십니까?) 그 결과 신을 직접 대면하는 영광을 누릴 수 있었다. 신의 아들로서 이 땅에 재림하여 모든 죄업을 짊어진 메시아조차도 최후의 외침(엘리 엘리 라마 사박다니: 나의 하느님, 나의 하느님, 어찌하여 나를 버리셨나이까?)과 기도 끝에 다시 약속의 부활을 이루어냈다. 이는 불가해한 신의 뜻과 기적의 사례로서 익히 잘 알려진 이야기지만 누구나 쉬이 체감할 수 있는 종류의 것은 아니다. 그곳엔 인간의 선악, 조리와 부조리, 절망과 행복을 모두 초월하는 '믿음의 도약'(키르케고르)이 필히 수반되어야 하는 까닭이다.

이 시집이 미더운 점은 세계 곳곳에서 마주하는 메마른 침묵 앞에서 손쉽게 허무주의적인 냉소를 날리지도, 시의 언어를 넘어선 신앙의 영역으로 수월하게 비약하지도 않는다는 점이다. 이 땅에 발을 디디고 있는 시인은 보이는 것과 보이지 않는 것 사이에 서서 어떤 긴장과 균형의 끈을 놓지 않으려는 듯 보인다. 이처럼 나약한 유한자의 언어와 완전한 절대자의 침묵 사이의 시적 고민이 뚜렷이 담겨져 있기 때문에, 한 끼의 밥 앞에서 무너지고 흔들리는 인간의 언어를 내내 붙잡고 있기 때문에, 차갑고 건조한 이 세계 위에서 보이지 않는 무언가를 애써 상상하려 하기 때문에, 김재홍 시인의 시집은 빼어난 종교 시편들이 으레 그러하듯 시적인 힘을 끝까지 유지하는 작품들로 완성될 수 있었던 것 같다.

> 우리는 모두
> 종점으로 가는 승객이라고
> 이곳에서 우리는 영원한 이방인
> 영원한 나그네
> 한 방울 빗물이거나
> 물방울이거나 거품이거나
> 푹푹 찌는 열기거나 습기거나
> 고래고래 소리치며 외치며

정점을 향해 끓어오르는

막차는 아직

오지 않았다고

그렇다고

—「이곳에서, 우리는」 부분

  그럼에도 시인에게는 여전한 믿음이 있다. 그것은 이곳을 살아가는 우리 모두에게 보이지 않는 평등한 마지막이 주어져 있다는 믿음이다. "고래고래 소리치며" 뜨겁게 달아오르는 "습기거나", "푹푹 찌는 열기거나", 이리저리 부딪치며 흘러가는 "한 방울 빗물이거나", 끝을 모르고 부풀어 오르는 "거품"에 불과한 우리들은 제각각의 모습으로 "정점을 향해 끓어오르"고 있지만 결국 약속된 마지막 순간에 이르면 모두 저 너머로 승화되어 갈 것이라고 시인은 믿고 있는 듯하다. "날 때부터/ 정해진 죽음"과 "유예된 형벌"들이 "더는 미룰 수 없는 심판"(「유예된 것들」)이 되어 다가올 것이기에, 이 땅을 살아가는 "우리는 모두" "종점으로 가는 승객"이자 잠시 이곳에 들린 "이방인"이라고 시인은 이야기한다.

  마땅히 되돌아가야 할 본향이 정말로 실재하는지 여부는 알 길이 없고 확신에 찬 시인의 믿음까지 우리가 나눠 받기는 힘들지도 모른다. 다만 중요한 것은 그 무엇도 찾기 힘든 서늘하고 메마른 이곳에서 보이지 않는 무언가를 향한 기도와 발화를 시인이 멈추지 않는다는 데 있다. 당장의 밥과 날것의 인간만을 강제하는 "가을바람 몰아칠 때"에도 신념처럼 우직하게 "소 한 마리 앞세워 걷는 길"(「기린에 대하여」). 그것은 절대자에게 자신의 모든 죄와 의무를 떠맡긴 삶이라기보다는 한갓된 인간의 몸으로 제 몫의 십자가를 지고 한 발 한 발 걸어 나가는 삶에 가까울 것이다. 이는 의미를 알 수 없이 피투된 이곳에서 무언가를 건져내기 위해 필사적으로 발버둥 치는 충실한 존재의 모습이자, 신앙이나 종교이기에 앞서 잔인한 이 세계의 "고통에서 벗어나고픈 한 인간"(「오베르 쉬르 우아즈」)이 고안해낸 치열한 싸움의 방식이지 않을까.

그렇게 "기도는 기도를 필요로 하는 이들의 형식"(「힐링 여행」)이기에 시인은 "보이지 않는 시간에 희망을 걸고" "보이지 않는 미래를 위해 기도하는" 이 세계의 모든 존재들을 "나의 친구"이자 "나의 동지"(「파주행 막차」)라 여기는 듯하다. 저 설원 너머의 순록 떼를 믿고 나아가는 친구들을 위해, 작은 기적을 바라며 하루의 일상을 힘겹게 버텨가는 이들을 위해, 우리 곁의 쉽사리 보이지 않는 존재들을 위해 시인은 오늘도 밥을 나누고 돌탑을 쌓으며 한없는 기도를 멈추지 않는다.

현대시학 기획시인선 39

기린으로 떠난 사람

초판 1쇄 발행	2024년 5월 31일
지은이	김재홍
발행인	전기화
책임편집	이용헌
발행처	현대시학사
등록일	1969년 1월 21일
등록번호	종로 라 00079호
주소	서울시 종로구 계동길 41
전화	02.701.2341
블로그	http://blog.daum.net/hdsh69
이메일	hdsh69@hanmail.net
배포처	(주)명문사 02.319.8663
ISBN	979-11-93615-56-0 03810

○ 책값은 뒤표지에 있습니다.
○ 이 책의 판권은 지은이와 현대시학사에 있습니다.
   이 책 내용의 전부 또는 일부를 재사용하려면 반드시 양측의 서면 동의를 받아야 합니다.
○ 잘못 만들어진 책은 구입하신 서점에서 교환해드립니다.